틴~꿈 십대성경공부 | 구약책 시리즈 1

창세기

인생의 뿌리, 꽉- 잡아라

이대희 지음 | 바이블미션 편

인생의 기초를 성경으로 다져라

십대는 두 번 다시 돌아갈 수 없는 인생에서 귀한 시기입니다.
앞으로 인생을 살아가는 데 있어 기초를 다지는 시기로, 십대를 어떻게
보내느냐에 따라 인생이 달라집니다.

우리가 사는 세상에는 십대를 유혹하는 잘못된 문화와 가치관들이 너
무 많습니다.
세상에 물들지 않고 성경적 가치관과 하나님의 나라를 꿈꾸며 살아갈
수 있는가 하는 것은 모든 십대뿐 아니라 십대를 지도하는 부모와 교사
들이 갖는 중요한 관심사입니다.

십대들을 영원히 지켜줄 수 있는 것은 오직 말씀입니다.
이 시기에 하나님의 말씀으로 얼마나 무장하느냐에 따라 미래의 삶이
결정됩니다.
성경으로 인생의 기초를 다지는 일은 그 어떤 일보다 중요한 일입니다.

틴~꿈 십대성경공부 시리즈는 성경 자체를 배우면서 십대의 삶을 가꾸

는 내용으로 구성되었습니다. 일차적으로 성경개관을 통해 성경 전체의 맥을 잡고, 그 다음으로 구약성경책과 신약성경책을 통해 십대에 관계된 성경의 각권을 선택하여 공부하도록 했습니다.
자매 시리즈인 아름다운 십대 성경공부 시리즈와 함께 연결하여 사용하면 균형 있는 교과과정이 됩니다.

아무쪼록 이 성경공부 교재를 통해 성경적 비전을 품고 말씀과 일치를 이루는 하나님의 사람으로 자라나길 기도합니다.
오직 주님께 영광을······.

이대희

틴~꿈 십대성경공부 시리즈 교재의 특성

1_ 십대들이 꼭 알아야 할 핵심내용과 성경적인 가치관과 세계관을 정립하는 성경공부입니다.

2_ 귀납적 형태를 띤 이야기대화식으로 탐구능력을 키우고 생각을 점차 열리게 하는 흥미로운 성경공부입니다.

3_ 자유로운 토의와 열린 대화를 활발하게 하는 소그룹에 적합한 성경공부입니다.

4_ 영적 사고력과 해석력, 분별력을 키우면서 스스로 적용능력을 점차 극대화시켜 주는 성경공부입니다.

5_ 본문중심 성경공부로, 성경이야기 속으로 빠져들어 말씀의 성육신을 경험하는 성경공부입니다.

6_ 흥미와 재미를 유도하는 주제로 구성되어 있고, 모두가 쉽게 참여하면서 영적 깊이와 변화를 체험하게 하는 전인적인 성경공부입니다.

7_ 성경공부를 통하여 자연스럽게 학과공부와 전인교육에 필요한 논술력, 사고력, 상상력, 창의력, 응용력을 함께 계발시키는 성경공부입니다.

8_ 분반공부와 제자훈련 등 시간(30분, 1시간, 1시간 30분)을 탄력적으로 운영하며 사용할 수 있는 성경공부입니다.

9_ 15년 동안 준비하고 실험한 성경공부 사역 전문가에 의하여 검증된 효과적인 공부 방법과 총체적이며 전인적인 교과과정이 체계적으로 구성된 신뢰할 만한 성경공부입니다.

틴~꿈 십대성경공부 시리즈 전체 양육과정표

'틴~꿈 십대성경공부 시리즈'는 1년 단위로 5권씩 3년동안 성경 전체의 내용을 핵심적으로 다루도록 구성되었습니다. 1년차는 성경 파노라마를 통해 성경의 맥과 개관을 다룹니다. 그리고 구약책과 신약책 중에서 십대에 맞는 책을 선택하여 집중적으로 유형별로 균형 있게 공부하도록 했습니다. 십대 시기에 성경의 맛을 직접 느끼게 함으로써, 앞으로의 삶 속에서 성경을 계속 배우고 실천하는 데 도움을 주는 방향으로 내용을 구성했습니다. 십대를 마칠 때는 적어도 성경의 중요한 맥과 뼈대를 잡고, 성경의 내용을 각권별로 조금씩이라도 살아 있는 말씀으로 경험한다면 평생동안 말씀과 함께 사는 데 큰 도움이 될 것입니다.

	성경개관 시리즈	구약책 시리즈	신약책 시리즈
1권	성경파노라마 – 구약1 성경, 한눈에 쏘옥~	창세기 인생의 뿌리, 꽉- 잡아라	누가복음 최고의 멘토, 예수를 만나라
2권	성경파노라마 – 구약2 성경, 한눈에 쏘옥~	에스더 영적 거인, 빼- 닮아라	로마서 내 안의 복음발전소
3권	성경파노라마 – 구약3 성경, 한눈에 쏘옥~	다니엘 나는 바이블 영재!	사도행전 글로벌 증인이 되어라
4권	성경파노라마 – 신약1 성경, 한눈에 쏘옥~	잠언 지혜가 최고야!	빌립보서 기쁨을 클릭하라
5권	성경파노라마 – 신약2 성경, 한눈에 쏘옥~	전도서 인생이 보인다!	요한계시록 인생승리, 폴더를 열어라

● 각 과는 10과 내외로 구성되어 있으며, 3년 과정으로 중고등부가 모두 사용할 수 있습니다. 각 교회 상황에 따라 순서에 상관없이 책을 자유롭게 선택하여 사용 가능합니다. 과정을 계속 이어가기를 원하면 "아름다운 십대 성경공부 시리즈"(3년차)와 연관하여 사용할 수 있습니다.

본 교재는 다음과 같은 단계로 구성되었습니다. 전체 단계를 잘 이해하고 활용하면 성경공부에 훨씬 효과적입니다.

■ 열린 마음

마음을 여는 단계입니다. 성경공부는 마음을 먼저 열지 않으면 말씀이 들어오지 않게 됩니다. 질문에 편안하게 답하도록 하되 무리하게 답을 끌어낼 필요는 없습니다. 질문을 통해 마음을 집중하는 데 그 의미가 있습니다.

■ 말씀 먹기

말씀 속으로 들어가는 단계입니다. 공부를 할 때, 본문을 먼저 읽고 나서 질문을 통하여 말씀 속으로 함께 들어가는 데 목표를 둡니다. 가능하면 본문을 지식적으로 이해하기보다는 전인적으로 이해하는 접근 방식이 필요합니다. 성경을 이야기 식으로, 글자가 아닌 사건으로 보도록 합니다. 그리고 생명의 말씀을 먹는다는 자세로 의미를 생각하며 질문에 대한 답을 해야 합니다. 그렇게 하면 점차 성경 속으로 들어가는 것을 경험할 것입니다.

일반 학교공부보다 차원이 높습니다. 이것을 터득하면 일반 공부는 쉽습니다(주제별로 구절을 공부하는 방식보다 본문을 통하여 성경지문을 공부하면, 전체 문맥을 이해하는 능력과 아울러 논술·논리·구술·토론 능력이 자동적으로 해결됩니다).

■ 되새김

되새김은 소가 먹은 음식을 다시 되씹는 과정과 같습니다. 말씀을 지식적으로 이해하는 것을 넘어 그 의미를 곱씹는 것입니다. 도움말을 통하여, 이미 알고 있던 말씀의 의미를 다시 한 번 깊게 생각하는 단계입니다. 처음에는 도움말 없이 질문에 대한 답을 스스로 찾아내도록 합니다. 단순히 단어나 구절을 외우는 것이 아닌, 의미를 곱씹어 생각하는 것이 중요합니다.

■ 생각해 보기

본문에서 특별히 생각해야 할 중심 주제를 생각해 보는 단계입니다. 즉, 머리에서 가슴으로 이르게 하는 단계입니다. 말씀을 실천으로 옮기기 위해서는 말씀을 깨닫는 일이 선행되어야 합니다. 가슴으로 깨닫는 것만이 실천에 이르게 됩니다. 이 단계에서 서로 의견을 나누고 토론을 하면 좋습니다. 한 사람의 일방적인 설명보다는 각자의 생각을 자유롭게 나눌 수 있도록 소그룹을 활성화합니다.

■ 삶의 적용

'되새김'과 '생각해 보기'를 통해서 얻어진 말씀을 나의 삶에 적용하는 단계입니다. 단어나 구절을 그대로 실천하는 것은 율법적인 적용이 될 수 있습니다. 의미를 이해하고 그것을 나의 삶에 알맞게 응용하면서 적용하는 것이 바람직합니다.

■ 실천 메시지

본문에서 생각할 수 있는 내용을 정리했습니다. 내용을 읽고 나서 자기의 생각을 나누어도 좋습니다. 실천메시지를 통해서 한 가지라도 분명한 메시지를 가슴에 품고 나의 것으로 적용하며 실천하는 것이 필요합

니다. 상황에 따라 읽거나 정리하거나 보완하는 식으로 메시지를 다룰
수 있습니다

■ 플러스 – 신앙과 공부

말씀은 곧 삶으로 이어져야 살아 있는 말씀이 됩니다. 십대 시기는 공
부가 주된 일입니다. 공부를 즐겁게 하기 위해서는 공부의 맥을 잡아야
합니다. 공부를 신앙과 연결시켜 하면 재미가 있습니다. 신앙과 공부는
별개가 아닌 긴밀하게 연결된 것으로서, 신앙이 좋으면 공부도 잘하게
됩니다. 본문의 성경공부를 통해 신앙이 공부의 현장까지 확대되면 성
경공부가 훨씬 유익한 방향으로 나아갈 수 있고 상호 보완할 수 있습니
다. 잘 활용하여 흥미 있는 성경공부와 학교공부가 되면 좋겠습니다.
신앙과 공부는 별개가 아님을, 상호연관적임을 깨닫는 순간 공부도 재
미있고 신앙도 열성을 품게 될 것입니다. 해당 자료를 통해 생각의 폭
을 넓히는 계기가 되길 바랍니다.

인생의 뿌리, 꽉— 잡아라

'창세기'는 제목에서 알 수 있듯이 모든 것의 근원과 속성과 시작을 말하고 있습니다.

창세기의 뜻은 "기원, 발생(genesis)"입니다. 즉, 창세기는 모든 것의 기원을 알려 주는 책으로 인생의 못자리와 같습니다. 창세기는 우주의 기원, 인간의 역사, 죄, 구원, 심판, 가족, 전쟁, 문명, 결혼, 인류와 종족과 문화 등을 이야기하고 있습니다. 창세기는 세상에서 일어나는 모든 일의 근원을 말해 주며, 아울러 신앙의 기초를 세우는 데 중요한 역할을 합니다.

창세기는 하나님의 창조, 인간의 죄와 타락, 하나님의 심판과 구원에 대해서 말하고 있습니다. 이러한 내용 구성은 창세기 전반에 걸쳐 흐르고 있는 핵심입니다. 창세기 1-11장은 원역사로 인류의 모든 역사를 개괄적으로 다루고 있습니다. 세상은 아름답게 창조되었지만 인간의 타락과 범죄로 인하여 야기된 인류의 불행을 그리고 있습니다. 아담의 타락, 가인의 살인, 노아 홍수와 바벨탑 사건은 죄가 점차 번성해 가는 모습을 담고 있습니다. 그럼에도 하나님은 이런 인간을 버리지 않으시고, 인간에게 지속적으로 관심과 사랑을 보이시는 이야기가 나옵니다. 인간의 죄가 심하면 심할수록 하나님의 사랑은 더욱 깊어만 갑니다.

창세기를 공부할 때 한 가지 염두에 두어야 할 것은, 창세기는 어떤 과학적인 증거와 과정을 설명하는 책이 아니란 것입니다. 하나님이 왜 세상을 창조했는지 그 이유를 설명하고 있지 않은 것처럼 창조의 방법을 구체적으로 묘사하고 있지 않습니다. 인간의 눈에 보이는 것을 증명해 내는 과학을 다루는 책이 아닙니다. 인간과 세상의 역사를 역사책처럼 세부적으로 다루는 데 또한 관심이 없습니다. 물론 과학적 내용과 역사적 사실이 창세기 안에 담겨 있지만 하나님이 인간을 구원하는 이야기에 초점이 맞춰져 있습니다. 창세기는 인류에게 나타난 이야기를 기록하고 정보를 제공하는 책이 아닙니다. 그런 눈으로 성경을 보면 오히려 역사적으로나 시간적·과학적으로나 모순과 틈이 생깁니다. 잘못하면 이론적으로 따져들면서 성경을 오해할 수 있습니다. 오히려 창세기는 인간이 생각하고 있는 근본적인 질문들에 대한 답을 주기 위하여 기록되었습니다. 인간은 누구일까요? 어디서 왔으며 또 어디로 갈까요? 인간을 만드신 하나님은 누구시며 세상을 만드신 하나님의 목적은 무엇일까요? 창세기는 이런 질문에 답하기 위해 기록되었습니다.

우리가 이런 질문을 염두에 두고 성경을 바라보면 유익할 것입니다. 창세기를 공부하면서 우리는 우리의 존재와 하나님에 대해서 새로운 시각이 열리게 될 것입니다. 이런 기초 속에 공부를 하고 세상을 살아간다면 어떤 경우에도 흔들림 없이 살아갈 수 있습니다. 이 점을 명심하고 시작하는 인생은, 아무리 힘든 세상일지라도 반드시 성공할 수 있습니다. 물론 공부도 쉽고 재미가 있을 것입니다. 모든 것은 목적과 방향이 잡힐 때 쉽게 풀립니다.

창세기 여행 지도 ■

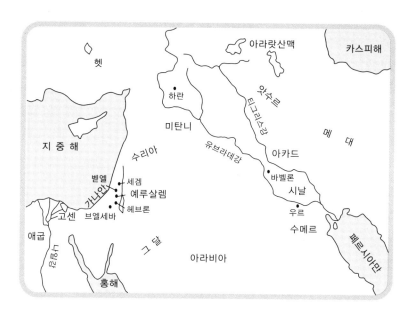

카스피해

아라랏산맥

헷

하란

잇수르

티그리스강

메 대

미탄니

지 중 해

수리아

유브라데강

아카드

벧엘

세겜

예루살렘

헤브론

바벨론

시날

고센

브엘세바

우르

수메르

애굽

나일강

그 달

아라비아

페르시아만

홍해

01

우주가
어떻게 생겼니?

"태초에 하나님이 천지를 창조하시니라" (창1:1)
"하나님이 보시기에 좋았더라" (창1:25)

 열린 마음

1 나는 이 세상이 어떻게 만들어졌다고 생각하는지 말해 보십시오.

_____

_____

2 이 세상을 보면서, 인간의 생각으로는 도저히 이해가 안 되는 신기한 것들을 찾아보십시오.

_____

_____

말씀 먹기

● 창세기 1:1-25을 읽고 다음 질문에 답해 보십시오.

1 누가 천지를 창조했습니까? (1)

_____

_____

💡 되새김 세상의 시작이 누구로부터인지를 아는 것은 우리의 삶을 결정하는 데 대단히 중요합니다. 시작을 모르면 끝도 모릅니다. 물론 과정도 모릅니다. 오늘도 많은 사람은 세상이 어떻게 시작되었는지 모르고 살아갑니다. 그런 삶은 헛된 삶이 될 수밖에 없습니다.

2 하나님은 세상을 무엇으로 창조하셨습니까? (3, 6, 9, 14, 20)

💡 되새김 세상 사람들은 그냥 우연히 세상이 만들어졌다고 말합니다. 본래 있던 것이 진화되어서 지금의 모습이 되었다고 말합니다. 정말 그럴까요? 하나님을 의도적으로 부인하려는 데서 오는 억지는 아닌지요. 그냥 모른다는 것입니다. 그러나 그렇지 않습니다. 하나님은 분명한 목적을 가지고 말씀으로 창조하셨습니다. 말씀이 모든 것의 시작입니다.

3 식물과 동물을 어떤 방법으로 창조하셨습니까? (11, 21, 25)

💡 되새김 식물과 동물을 자세히 보면 아무렇게나 만들어지지 않았음을 알 수 있습니다. 너무나 신기할 정도로 정확한 질서와 종류에 따라 움직이고 생존을 거듭합니다. 변하지 않는 법칙이 있습니다. 관찰하면 할수록 그 속에 하나님의 방법과 질서가 숨어 있음을 알 수 있습니다. 과학은 하나님이 만드신 숨은 질서를 찾아내는 것에 불과합니다.

4 하나님은 어떤 것들을 창조하셨습니까? (5, 7, 10, 16, 20, 24)

나눔(질서) - 혼돈	채움(충만) - 공허
첫째 날(5절):	넷째 날(16절):
둘째 날(7절):	다섯째 날(20절):
셋째 날(10절):	여섯째 날(24절):

💡 되새김 하나님은 질서의 하나님이십니다. 하나님의 뜻대로 세상을 아름답게 나누어 질서 있게 움직이도록 창조하셨습니다. 빈 공간은 하나님의 선하고 아름다운 것으로 충만하게 하셨습니다. 하나님은 예술가이십니다. 얼마나 아름다운 모습입니까? 마치 어린아이가 아름다운 자연의 모습을 빈 종이에 조금씩 그리면서 채워나가듯이 하나님은 이 세상을 창조하셨습니다.

5 하나님은 세상을 만드시고 어떤 평가를 내리셨습니까? (12, 18, 21, 25)

_____

_____

💡 되새김 하나님이 만드신 세상은 선한 모습입니다. 하나님이 보시기에 아름다운 모습입니다. 본래 하나님이 만드신 세상은 이렇게 아름다운 모습이었습니다. 그런데 지금 우리가 사는 세상은 추악한 모습으로 가득합니다. 특히 인간의 모습 속에서 그런 것들을 더 쉽게 발견할 수 있습니다.

🌸 생각해 보기

1 세상을 어떻게 말씀으로 창조할 수 있는지 말해 보십시오. (참고. 히1:3)

_____

_____

🌸 삶의 적용

1 하나님이 세상을 창조하신 사실을 얼마나 믿습니까? 잘 믿어지지 않는다면 왜 그런지 말해 보십시오.

_____

_____

2 하나님의 눈으로 바라본 세상의 모습을 말해 보십시오. 나는 이 세상

을 어떻게 보고 있습니까?

_____

_____

3 하나님의 창조 이야기를 배우면서 도전받은 것과 느낀 점은 무엇입니까?

_____

_____

천지창조(미켈란젤로)

그대로 되니라

세상의 뿌리는 하나님이십니다.
하나님이 모든 것의 근원이십니다.
하나님이 안 계시면 세상은 아무것도 존재하지 않습니다.
태초에 하나님이 계셨고 그 하나님이 말씀하시니 세상이 만들어졌습니다.
하나님의 말씀이 모든 것을 만든 근원입니다.
세상 어느 것보다 말씀이 중요합니다.
말씀은 오늘도 창조를 계속 일으키고 있습니다.

우리의 모든 것은 말씀으로 시작해야 합니다.
매 하루도 말씀으로 시작하고 말씀으로 마쳐야 합니다.
오늘도 하나님은 말씀에 순종하는 사람을 찾으십니다.
하나님이 빛이 있으라 하시어 그 말씀에 순종하자 빛이 생겼습니다.
또 땅에게 짐승과 생물을 내라 하시자 땅은 그 말씀에 순종했습니다.
그러자 그대로 만들어졌습니다.
이것이 하나님의 창조의 모습입니다.

우리도 주님이 말씀하시는 대로 전적으로 순종하면 안 될까요?
그러면 나에게도 창조의 역사가 일어날 것입니다.

내가 어쩌다 우연히 생겼다고?

오래 전부터 사람들은 이 세상이 어떻게 만들어졌는지를 고민했고, 세상의 뿌리를 알아내기 위해 많은 노력을 했습니다. 그것을 나름대로 생각하고 정리한 사람들이 고대 철학자들입니다. 최초의 철학자인 탈레스는 만물의 근원을 '물'이라고 했습니다. 헤라클레토스는 만물의 근원은 '불'이며 만물은 '유전(변화)'한다고 했습니다. 아낙시메네스는 만물의 근원을 '공기'라고 했습니다. 피타고라스는 만물의 근원을 '수'라고 했는데, 후에 그는 수학에 큰 기여를 했습니다. 데모크리토스는 만물의 근원을 아톰(atom) 즉, '원자'라고 했습니다. 그의 주장은 유물론의 출발점이 되었으며, 그 후 과학에 영향을 끼쳤습니다. 현대 과학자들은 '빅뱅(대폭발)'이론을 제시합니다. 우주에 대폭발이 일어났고 그것이 세상의 시작이라는 주장입니다.

이러한 것들이 지금 우리가 학교에서 공부하는 철학과 과학이론들입니다. 세상의 이야기는 대부분 이런 주장에 근거하여 논리를 전개하고 학문을 만들었습니다. 어쩌다 우연히 이루어진 세상과 하나님이 분명한 목적을 가지고 만든 세상 중 어느 이야기에 더 설득력이 있어 보입니까? 아무리 생각해도 세상이 물질에서 시작되었다고 하는 과학자와 철학자들의 주장은 한계가 있고 궁색합니다. 왜냐하면, 그 물질을 누가 만들었느냐 하는 것에 대해서는 아무도 답하지 못하기 때문입니다. 이는 결국 세상의 근원은 모른다는 것으로 밖에 해석되지 않습니다. 그런 사람들의 삶은 대단한 것을 이루었다 해도 사라질 때는 허무하게 사라집니다. 아침 안개처럼 사라지는 인생이 되고 맙니다. 인생은 물질이 아닌 하나님에게서 출발한다는 것이 얼마나 감사하고 의미 있는 일입니까?

02

사람은 어디서 왔니?

"이러므로 남자가 부모를 떠나 그의 아내와 합하여 둘이 한 몸을 이룰지로다 아담과 그의 아내 두 사람이 벌거벗었으나 부끄러워하지 아니하니라" (창2:24-25)

열린 마음

1 "나는 누구인가?", "이웃은 누구인가?"에 대해서 말해 보십시오.

2 나는 어디서 왔으며, 무엇을 하다가 어디로 가는 존재인지 말해 보십시오.

말씀 먹기

● 창세기 2:4-25을 읽고 다음 질문에 답해 보십시오.

1 하나님은 사람을 어떻게 창조하셨습니까? (7)

💡 되새김 하나님의 인간 창조를 보면 사람은 두 가지로 구성되었습니다. 하나는 흙으로 구성된 육체적인 면과 생령을 가진 영혼적인 면입니다. 온전한 인간이 되려면 영과 육이 함께 살아야 합니다. 만약 육만 살고 영이 살지 못한다면 그것은 동물과도 같습니다. 영은 하나님을 바라보고 하나님과 교제하는 영역으로, 이것이 인간을 인간 되게 하는 영원한 것입니다. 영과 육 중에서 어느 하나를 무시하면 안 됩니다.

2 하나님은 세상과 사람을 창조하시고 어떤 명령을 하셨습니까? (9, 15-17)

_____

_____

💡 되새김 선악과는 선악을 알게 하는 나무로 에덴동산 중앙에 있는 것입니다. 하나님은 인간에게 모든 나무의 열매를 마음대로 먹되 선악과는 먹지 말라고 명하셨습니다. 하나님은 모든 것을 할 수 있지만 인간은 그중에 하나는 마음대로 할 수 없어야 합니다. 그것이 창조주와 피조물의 차이점이며, 인간의 본래 모습입니다.

3 하나님은 창조하신 세상을 보면서 좋지 않게 생각하신 것이 있었습니다. 그것은 무엇입니까? (18)

_____

_____

💡 되새김 하나님의 창조에는 모두 짝이 있습니다. 함께 더불어 사는 것이 창조 질서입니다. 혼자 있게 하는 것은 사단의 속임수입니다. 인간은 또 다른 인간과 함께하고 자연과 함께하며, 하나님과 함께하도록 창조되었습니다. 그 사이를 분리하는 것은 죄입니다.

4 하나님은 아담의 배필인 여자를 어떻게 만드셨습니까? (20-22)

_____

_____

💡 되새김 여자는 아담에게서 나왔습니다. 왜 여자를 따로 만들지 않고 아담에게서 만들었을까요? 그것은 한 몸이 되게 하기 위해서입니다. 부부는 분리될 수 없습니다. 인간도 알고 보면 모두 한 형제입니다. 우리는 모두 아담의 자손입니다. 아담의 죄가

우리에게까지 유전되는 것도 한 몸이기 때문입니다. 이런 점에서 보면 이웃도 남이 아닙니다. 바로 나의 몸입니다.

5 하나님이 짝지어 주신 부부는 어떤 관계입니까? (23-25)

 되새김 아담과 여자의 결혼은 인류 최초의 가정의 모습입니다. 부부는 서로 뼈와 살과 같은 존재입니다. 부부가 서로 사랑할 때는 내 몸처럼 사랑해야 합니다. 부부에게서 자녀가 나왔고, 그렇게 해서 인류가 번성했습니다. 우리는 모두 서로에게 하늘을 우러러 부끄러움이 없는 그런 존재가 되어야 합니다.

생각해 보기

1 하나님은 왜 선악과를 만드셨고, 왜 인간에게 그것을 먹지 말라고 하셨습니까? (참고. 사55:8-9)

 삶의 적용

1 나는 하나님이 창조하신 소중한 존재라는 것을 얼마나 믿습니까?

_____

_____

2 하나님의 자녀라면 하나님의 말씀에 절대 순종해야 합니다. 혹시 나에게 하나님의 말씀을 거역하는 모습은 없는지 살펴보십시오.

_____

_____

3 이성과 사람에 대한 바람직한 나의 태도는 무엇인지 말해 보십시오.

_____

_____

아담(미켈린 젤로)

영과 육을 가진 나

내 안에는 하나님의 생명이 들어 있습니다.

그것은 눈에 보이지 않지만 나를 이끌어가는 중요한 부분입니다.

나는 육적인 존재만이 아닙니다.

하나님으로부터 부여받은 영혼이 있습니다.

몸은 땅에 의지하여 땅의 기운을 받고 살지만

영혼은 하나님을 의지하고 하나님의 은혜를 받고 살아야 합니다.

우리의 육신은 단 하루도 땅에서 나오는 식물을 먹지 않으면 죽습니다.

마찬가지로 우리의 영혼도 하나님으로부터 오는 은혜를 받지 못하면 죽습니다.

영과 육이 균형 잡힌 모습이 되도록 늘 힘써야 합니다.

하나님은 인간에게 하나님의 형상을 부어 넣어 주셨습니다.

영적인 측면에서 하나님의 모습을 닮고자 더욱 노력한다면 하나님이 기뻐하시겠죠.

또 이렇게 창조된 나의 가정과 이웃은 알고 보면 모두 한 몸입니다.

이제부터라도 이웃을 더욱더 사랑하고 다른 사람을 나의 뼈와 살처럼 생각하면서 섬기고 아낀다면, 우리가 사는 세상은 점점 더 아름다워질 것입니다.

너 자신을 아는 공부

소크라테스

고대 그리스에는 유명한 철학자 소크라테스가 있었습니다. 그는 자신의 보이지 않는 '혼(魂)'의 중요성을 역설했습니다. 보이는 육보다는 보이지 않는 혼을 더 중요하게 생각했습니다. 소크라테스는 자신에게 있어서 가장 중요한 것이 무엇인지를 물어, 날마다 아테네의 거리나 체육장에서 청소년들과 혹은 마을의 유력한 사람들과 인생에 대한 대화를 나누었습니다. 선과 행복이 무엇인지 대화를 통하여 문답의 방법으로 토론하고 이야기를 나누었습니다. 많은 사람들이 그를 따랐습니다. 소크라테스가 강조한 내용은 "너 자신을 알라"였습니다. 델포이 신전에는 소크라테스가 말한 유명한 구절 "너 자신을 알라"가 적혀 있습니다. 이것은 "네 분수를 알라", "자신이 죽을 곳을 알라"는 뜻입니다. 한번은 한 제자가 소크라테스에게 물었습니다. "선생님은 자신을 알고 계십니까?" 그러자 소크라테스는 이렇게 대답했습니다. "나는 내 자신이 모른다는 것을 안다" 역시 철학자다운 명답입니다. 오늘날 세상에서 학문하는 대부분의 사람은 소크라테스 후예들입니다. 그들은 자기가 누구인지를 아는 것 같지만 결국 자기를 모른 채 죽어갑니다. 소크라테스처럼 말입니다. 이것은 무엇을 말합니까? 인간은 자기 스스로를 알 수 없음을 말하는 좋은 예입니다. 인생을 아는 것 같아도 그들은 실상 자신을 모르고 살아갑니다.

우리는 오직 하나님을 발견하고 하나님을 만날 때 스스로를 알게 됩니다. 인간이 거울을 보고서야 자기 얼굴의 모습을 알 수 있듯이……

03

죄가 어떻게
들어왔니?

"여자가 그 나무를 본즉 먹음직도 하고 보암직도 하고
지혜롭게 할 만큼 탐스럽기도 한 나무인지라 여자가 그 열매를 따먹고 자기와
함께 있는 남편에게도 주매 그도 먹은지라" (창3:6)

 **열린 마음**

1 내 마음속에서는 크게 세 가지 음성이 들려옵니다. 하나님의 음성, 사단의 음성, 자신의 음성입니다. 나는 이것을 어떻게 구분하는지 각각의 방법을 말해 보십시오.

─하나님의 음성

_____

_____

─사단의 음성

_____

_____

─자신의 음성

_____

_____

 말씀 먹기

● 창세기 3:1-12을 읽고 다음 질문에 답해 보십시오.

1 뱀으로 위장한 사단은 여자에게 다가와 어떻게 유혹했습니까? (1, 4-5)

_____

_____

💡 되새김 사단은 여자에게 질문으로 다가왔습니다. 그 질문은 하나님에 대해서 의심을 품게 하는 것입니다. 사단은 자꾸 내가 믿는 하나님에 대해 의심하게 합니다. 마음속에서 들리는 사단의 소리를 제대로 구분하지 못하면 우리도 유혹을 받습니다. 말씀에 충실하지 않으면 언제라도 우리가 넘어갈 수 있습니다

2 여자의 대답은 무엇입니까? (2-3)

_____

_____

💡 되새김 여자는 하나님의 말씀을 자기에게 유리한 방법으로 바꾸고, 삭제하고, 첨가했습니다. 지금도 사람들은 하나님의 말씀을 그대로 받아들이지 않고 내가 좋아하는 모습으로 말씀을 변질시킵니다.

3 여자는 어떻게 죄를 짓게 되는지 그 과정을 말해 보십시오. (6)

_____

_____

💡 되새김 죄를 짓는 과정을 보면, 보는 것에서부터 시작합니다. 그런 다음 마음에 들어와 죄를 품게 하고, 그 죄를 행동으로 옮기게 합니다. 선악과를 아담에게도 쥐먹게 함으로 다른 사람을 죄짓게 합니다. 항상 보는 것을 조심해야 합니다. 그렇지 못하면 마음이 죄에 사로잡히고 행동은 순식간에 일어납니다.

4 하나님의 명령을 어긴 여자와
아담이 보이는 이전과 달라진
모습은 무엇입니까? (7–8)

💡 되새김 죄가 사람에게 들어오면 사람은 전혀 다른 사람으로 변합니다. 자기의 부끄러움을 알게 되고 하나님의 얼굴을 피하게 됩니다. 하나님을 거부합니다. 지금 우리 주위에 있는 사람들의 모습이 이와 같습니다. 하나님을 대적하고 하나님을 피하는 현상은 모두 죄를 지은 사람에게서 나타나는 현상입니다.

5 하나님의 부르심에 대해서 아담은 어떻게 반응했습니까? (9–12)

💡 되새김 사람이 죄를 지으면 나타나는 첫 번째 현상은 하나님의 음성을 알아듣지 못하는 것입니다. 하나님의 질문과 다른 엉뚱한 대답을 하고 자기 합리화를 합니다. 남의 탓을 합니다. 철저히 자기중심으로 변화합니다.
아무리 하나님이 말씀하셔도 그것을 잘 알아듣지 못합니다. 죄가 있으면 하나님에 대해 무감각해집니다.

생각해 보기

1 인간이 죄를 짓는 과정을 통해 발견되는 영적 교훈은 무엇입니까? (참고. 롬8:23)

_____

_____

삶의 적용

1 나에게 하나님을 싫어하는 모습들이 있는지 찾아보십시오.

_____

_____

2 나에게서 하나님을 떠남으로 생겨난 죄악의 모습들을 찾아보십시오.

_____

_____

3 요즘 자주 듣고 있는 사단의 유혹의 소리를 찾아보십시오.

_____

_____

죄의 침투를 조심하라

사단은 지금도 사람에게 죄를 짓게 합니다. 죄는 하나님과 관계가 있습니다. 죄는 윤리적인 것에서 시작되지 않습니다. 하나님에게서 시작됩니다. 하나님의 말씀을 어기는 데서 죄가 시작됩니다. 이렇게 되면 사람으로서 해야 할 윤리적인 능력이 상실되고 많은 문제점들이 나타납니다. 사단이 하와와 아담에게 죄를 짓게 하는 과정을 보면, 어떻게 죄가 인간에게 들어오는지 잘 알 수 있습니다.

무엇보다도 보는 것을 조심해야 합니다. 선악과를 보게 함으로써, 그것을 마음에 품게 하고 나중에는 행동으로 옮기게 합니다. 하나님의 말씀에 대해서 잘못된 생각을 갖게 하고 의문을 갖게 하면서 보는 능력을 상실하게 합니다. 하나님의 말씀을 듣는 능력이 상실되면서 사단의 소리에 익숙하게 됩니다. 하나님의 말씀과 사단의 말을 구분하지 못하고 결국은 사단의 유혹에 빠집니다. 생각과 마음을 사단에게 빼앗기면 이제 행동으로 죄를 짓는 것은 순식간입니다. 우리는 죄를 짓는 이런 과정을 잘 살펴서 사단의 유혹에 빠지지 않도록 해야 합니다. 하나님의 말씀 안에 확고하게 설 때 이 것을 이길 수 있습니다. 하나님의 말씀을 의심 없이 믿는 확신이 필요합니다. 성경공부의 시간은 이러한 확신을 갖는 데 큰 도움을 줍니다.

공부는 언어에서 결정된다!

신문 기사 내용입니다.

"학생들에게 '언어' 만큼 중요한 것은 없다. 언어란 거의 '공부의 모든 것' 이기 때문이다. 학교에서 배우는 모든 과목은 결국 언어 능력에 따라 결판 난다. 국어야 너무 당연하고, 영어 역시 본질적으로는 국어와 다를 게 없 다. 수학은 수식으로 이뤄져 있을 뿐 '추상 언어' 과목이다. 여기에 논술과 입시 면접까지 보태지면 전 과목이 언어 과목인 셈이다. 출제자의 의도와 질문의 핵심을 빨리 파악하는 능력이 기본임은 말할 필요도 없다. 그래서 언어 능력의 중요성은 아무리 강조해도 지나치지 않는다."

세상의 모든 학문은 언어로 구성되어 있 습니다. 지식의 전 달도 문자와 언어로 이루어지고, 지식의 연구도 문자와 언어 로 이루어집니다. 공부를 잘하려면 언 어에 통달해야 합니

모세오경 두루마리

다. 언어를 정복하지 못하면 다른 공부 또한 하기 힘듭니다. 가능한 어릴 때부터 언어력을 키워야 합니다. 이것을 위한 두 가지 방법이 있습니다. 하 나는 말을 통해서고 하나는 글을 통해서입니다. 이 두 가지를 잘하면 우리 의 언어력은 발달됩니다. 책을 읽고 생각하고 토론하면 언어력이 발달됩

니다. 가능한 많은 대화를 나누고 토론하는 것이 좋습니다.

하나님은 처음에 말씀을 주셨습니다. 그것으로 세상을 창조하셨습니다. 그리고 성경을 우리에게 주셨습니다. 언어를 하나님의 말씀으로 정복하는 것은 우리가 가장 먼저 해야 할 일입니다. 그런데 이것을 못하면 사단이 들어와 우리의 언어를 정복합니다. 창세기 3장의 사건은 사단에게 언어를 정복당한 이야기입니다. 하나님의 말씀에 충실하지 못함으로 사단에게 유혹을 받았습니다.

신앙과 공부는 별개가 아닙니다. 곧 하나입니다. 성경을 가지고 공부하는 것이야 말로 가장 좋은 공부요, 언어를 발달시키는 최고의 방법입니다. 교회에서 성경을 공부하는 시간은 학교에서 공부하는 시간보다 더 귀한 것입니다. 하나님의 언어를 배우면서 세상을 정복하는 힘을 키우는 시간입니다.

04

형제를 원수로

"여호와께서 가인에게 이르시되 네 아우 아벨이 어디 있느냐 그가 이르되
내가 알지 못하나이다 내가 내 아우를 지키는 자니이까" (창4:9)

 열린 마음

1 평소 형제간에 다툴 때 주로 어떤 것으로 다투게 됩니까? 각자의 경험을 말해 보십시오.

_____

_____

2 다툼으로 생긴 결과는 어떠했습니까?

_____

_____

말씀 먹기

● 창세기 4:1-12을 읽고 다음 질문에 답해 보십시오.

1 아담에게는 두 아들이 있었는데, 누구누구입니까? 그들의 직업은 무엇입니까? (1-2)

_____

_____

2 가인과 아벨은 하나님께 어떻게 제사를 드렸습니까? 그 결과는 어떠했습니까? (3-5)

💡 되새김 제사를 농사한 것으로 드리든지, 양의 피로 드리든지 그것은 문제가 안 됩니다. 자기의 직업에 따라 최선을 다하여 있는 대로 제사를 드리면 됩니다. 중요한 것은 마음입니다. 정성을 다해서 드렸는가에 따라 하나님의 응답은 결정됩니다.

3 하나님이 자기의 제물을 받지 않으신 것에 대해 가인은 어떤 반응을 보였습니까? (6-8)

💡 되새김 사람은 늘 올바르게 살 수 없습니다. 사람은 죄인이기에 실수와 잘못을 할 수 있습니다. 중요한 것은 자기의 잘못을 빨리 인정하고 그것을 교훈 삼으면 더 좋은 기회가 찾아온다는 것입니다. 가인이 한 번만 제사를 드릴 것이 아니라면, 이번 을 교훈 삼아 다음에는 하나님이 받으실 제사를 드리면 되지 않았을까요?

4 하나님은 죄를 지은 가인에게 무엇이라 질문하셨습니까? (9)

💡 되새김 하나님은 참 좋은 분이십니다. 하나님은 우리를 심판하는 것이 아닌 구원 하는 것이 목적입니다. 하나님은 회개하여 다시 돌아오기를 원하십니다. 그런 이유 로 하나님은 죄를 지은 가인에게 책망을 하기보다는 질문을 하면서, 가인이 스스로 회개하여 돌아오기를 원하셨습니다. 가인이 기회를 주시는 하나님의 사랑을 알았다 면 얼마나 좋았을까요?

5 하나님의 질문에 가인은 어떻게 대답했습니까? (9)

💡 **되새김** 죄인의 특징은 하나님의 마음을 헤아리기보다는 자기의 생각만 말합니다. 자기의 의를 내세우면서 잘못을 감춥니다. 이렇게 되면 하나님의 말씀이 들어오지 않고 하나님의 질문과는 상관없는 엉뚱한 대답을 하면서 스스로 멸망에 이르게 됩니다. 오히려 화를 냅니다.

6 하나님이 가인에게 내린 심판은 무엇입니까? (10-12)

💡 **되새김** 인간은 하나님의 복을 받고 살아야 합니다. 아무리 인간이 노력해도 하나님이 저주하면 땅이 저주함으로 수고하여 밭을 갈아도 헛된 일이 됩니다. 하나님 없이 하는 일은 저주입니다. 가장 큰 복은 하나님의 복을 받고 살아가는 것입니다. 하나님이 복을 주시면 이삭처럼 한 해에 백배의 결실을 얻을 수 있습니다.

 ## 생각해 보기

1 가인은 왜 동생 아벨을 죽였습니까? 하나님이 가인의 제물을 받지 않으신 이유는 무엇입니까? (참고. 약1:14-15; 히11:4)

삶의 적용

1 마음에 품고 있는 분노는 없습니까? 시기하고 미워하는 사람을 중심
  으로 살펴보십시오.

_____

_____

2 어떻게 하면 순간에 일어나는 마음의 분노를 이길 수 있는지, 각자 방
  법을 말해 보십시오.

_____

_____

마음에 선한 것을 담아라

형제가 원수로 되는 것은 한순간입니다. 마음에 죄가 들어가면 형제는 원수가 됩니다. 마음에 들어오지 않도록 미리 주의해야 하는 것은 많습니다. 그중에서도 시기와 분노하는 마음을 조심해야 합니다. 다른 사람과 부대끼다 보면 이런 상황이 생길 수 있습니다. 이때 다른 사람을 탓하기보다는 자신을 먼저 살펴보는 것이 지혜로운 자세입니다. 우리는 어떤 문제가 생겼을 때 자신보다 남에게서 문제점을 찾으려는 경향이 많습니다. 그러나 그것은 옳지 않습니다. 똑같은 문제라도 받아들이는 사람에 따라 다르게 나타납니다. 나의 마음의 상태가 문제를 좌우합니다. 아무리 나쁜 상황이라도 나의 마음의 상태가 좋으면 긍정적으로 받아들이고 나에게 유익한 방향으로 문제를 접근합니다.

설사 한 부모에게서 나온, 피를 나눈 형제라도 마음에 욕심과 시기가 들어가면 한순간에 원수가 될 수 있습니다. 이렇게 보면 시기와 욕심은 인간을 파멸시키는 큰 적입니다. 시기와 욕심은 보이지 않게 마음속으로 들어옵니다. 이것을 한번 품게 되면 막을 길이 없습니다. 이것이 사람의 마음을 강타하면 누구라도 무너지게 됩니다. 어떻게 하면 이것을 막을 수 있을까요? 마음을 빈 상태로 두면 안 됩니다. 언제나 마음을 진리 되신 말씀으로 가득하게 해야 합니다. 말씀을 통해 하나님의 생각과 마음을 품는 훈련을 해야 합니다. 사람은 본래 악하기에 이것이 하루아침에 이루어지진 않습니다. 매일 조금씩 말씀을 통해 사람의 마음을 선한 것으로 채우는 훈련을 해야만 이길 수 있습니다. 사람은 어차피 마음에 있는 것이 나오게 되어 있습니다. 무엇을 마음에 담고 있는가 하는 것이 나의 삶을 좌우합니다.

자네, 최고의 공부를 아는가?

유럽의 역사에서 가장 많은 땅을 정복했다고 알려진 알렉산더 대왕 (Alexandros the Great)에 대한 이야기입니다. 알렉산더 대왕의 유년기 친구 가운데 클레터스라는 친구가 있었습니다. 그 친구는 어른이 되어서도 친구인 알렉산더 대왕의 휘하에서 장군으로 봉사하였습니다. 한번은 이 친구가 술에 잔뜩 취해 많은 군졸들 앞에서 알렉산더 대왕을 모욕하는 실수를 저질렀습니다. 화가 난 알렉산더 대왕은 순간적으로 옆에 있던 군졸의 창을 빼앗아 클레터스에게 던졌습니다. 죽이려는 의도로 그런 행동을 한 것은 아니었지만 불행하게도 그 창은 그 친구의 가슴에 정확히 꽂혔고, 결국 그는 죽고 말았습니다.

알렉산더는 자신의 순간적인 행동을 후회했습니다. 자신의 손으로 친구를 죽였다는 생각에 몹시 괴로워하며 자살하려고까지 했지만 주위 사람들의 만류로 포기하기도 했습니다. 그는 전 세계는 정복했지만 자기의 분노를 다스리는 일에는 실패했습니다. "나는 더 이상 정복할 땅이 없다"고 말했던 알렉산더 대왕이었지만 가장 가까운 곳의, 한 뼘도 안 되는 마음의 분노는 다스리지 못했습니다. 마음을 다스리지 못하고 분노에 사로잡히면 그동안의 공든 탑은 물거품이 될 수 있습니다.

많은 사람이 알렉산더 대왕처럼 위대한 인물이 되고자 공부를 열심히 합니다. 지금도 이런 꿈을 품고 공부하는 학생들이 수없이 많습니다. 알렉산더 대왕은 33세라는 젊은 나이에 큰 성공을 이루었습니다. 그러나 업적보다 더 중요한 것은 사람의 마음입니다. 마음을 정복하는 것이 더 중요한 일이요, 시급한 일입니다.

성경에 "노하기를 더디하는 자는 용사보다 낫고 자기의 마음을 다스리는 자는 성을 빼앗는 자보다 나으니라"(잠16:32)는 말씀이 있습니다. 무슨 공부를 더 해야 할까요? 바로 마음을 다스리는 공부입니다. 학교에서는 마음을 다스리는 방법을 배울 수 없습니다. 학교는 우등생이 되고 성적을 높이는 방법은 가르치지만 자신의 마음을 다스리는 방법은 가르치지 않습니다. 학교에서 공부를 일등으로 하는

알렉산더 대왕

학생 중에는 자기 마음을 다스리지 못해 불안해 하며, 그것을 이기기 위해 공부에 더 매달리는 학생도 있습니다.

최고의 공부는 마음을 다스리는 공부입니다. 성경공부 시간은 마음을 다스리는 시간입니다. 하나님의 마음을 품는 시간입니다. 하늘보다 높고 바다보다 넓은 하나님의 마음을 갖는 시간입니다. 학교공부가 주지 못하는 것을, 우리는 신앙과 성경 배우는 시간을 통해서 얻을 수 있습니다.

05

대홍수 이야기

"노아가 그와 같이 하여 하나님이 자기에게 명하신 대로
다 준행하였더라" (창6:22)

열린 마음

1 오늘 나의 하루의 삶을 보시고 하나님은 어떻게 평가하실 것 같습니까?

_____

_____

2 이 세상의 모습을 바라보시는 하나님의 마음을 각자 말해 보십시오.

_____

_____

말씀 먹기

● 창세기 6:9-22을 읽고 다음 질문에 답해 보십시오.

1 노아에 대해서 간단하게 정리해 보십시오. (9-10)

_____

_____

💡 되새김 누가 의인입니까? 하나님과 동행하는 자입니다. 하나님 없는 사람은 의인이 될 수 없습니다. 인간 혼자서는 의인이 불가능합니다. 의인은 의로운 분을 만날 때, 그와 동행할 때 이루어집니다. 언제 어디서나 하나님을 생각하는 사람, 그 사람이 의인입니다.

2 하나님이 보신 세상의 모습은 어떠했습니까? (11-12)

_____

_____

💡 되새김 하나님이 보신 당시의 세상은 너무나 악한 모습이었습니다. 하나님 앞에서 행해진 악이 땅에 가득하여 도저히 눈뜨고 볼 수 없었습니다. 악은 하나님을 거부하는 것입니다. 어쩌면 오늘도 이런 악한 모습이 아닌지요?

3 하나님은 왜 세상을 멸하려고 하셨습니까? (13)

_____

_____

💡 되새김 당시 세상은 악이 너무나 가득하여 그 끝에 이르렀습니다. 하나님은 결국 인간을 멸하기로 작정하시고 땅과 함께 멸하기로 하셨습니다. 인간이 없으면 땅도 의미가 없습니다. 하나님은 악을 절대로 두고 보지 않으십니다. 언젠가는 멸하십니다.

4 노아를 구원하기 위해서 하나님이 설계하신 방주의 모습은 어떠했습니까? (14-16)

_____

_____

5 하나님은 인류를 어떻게 심판하셨습니까? 그러나 노아와는 무엇을 세우셨습니까? (17-21)

💡 되새김 하나님은 죄를 범한 인간을 멸하시지만 그중에서 노아와 그 가족들은 구원하십니다. 이를 통해 하나님이 원하시는 것은 심판이 아닌 구원임을 알 수 있습니다. 하나님의 중요한 두 가지 성품은 공의와 사랑입니다. 이것은 언제나 함께 나타납니다.

노아의 홍수(미켈란 젤로)

6 노아는 하나님이 명하신 것을 어떻게 했습니까? (22)

💡 되새김 이해가 되어도 그대로 순종하는 것은 쉽지 않습니다. 그러나 노아는 쉽게 이해가 안 되는 일을 하나님이 명하신 대로 하나도 빠짐없이 다 준행했습니다. 부분적인 순종은 순종이 아닙니다. 100퍼센트 순종만이 순종으로 인정됩니다.

아라랏 산의 흔적

생각해 보기

1 대홍수 사건을 통해서 나타난 하나님의 두 가지 성품을 말해 보십시오. 이것이 우리에게 주는 의미는 무엇입니까?

삶의 적용

1 오늘의 세상에서 노아의 시대와 같은 악한 모습을 찾아보고, 노아와 같은 믿음이 나에게 얼마나 있는지 말해 보십시오.

하나님의 마음을 읽으라

노아의 대홍수는 인류에게 내린 최초의 심판이라는 점에서 의미가 있습니다. 그동안 아담과 가인등 개인에게 하나님의 심판이 있었지만 이렇게 전 인류적으로 하나님의 심판이 내린 적은 없었습니다. 이것은 인간에게 심판이 꼭 있음을 말하고 있습니다 . 죄를 지은 인간은 하나님의 심판을 면할 수 없습니다. 사람들은 죄에 대한 심판에 대해 크게 개의치 않습니다. 그러나 공의의 하나님은 그것을 결코 좌시하지 않습니다. 행한대로 갚으시는 것이 하나님의 섭리입니다. 만약 죄를 지었음에도 그대로 둔다면 하나님은 불공한 분이 됩니다. 죄를 짓는 사람에게 심판이 내리는 것은 하나님의 공평하심입니다. 노아의 시대에 사람들의 악한 모습은 지금 우리에게도 그대로 나타나고 있습니다. 하나님의 말씀을 경홀히 여기고 아무리 말씀을 외쳐도 듣지 않고 세상즐거움에 빠져 살고 있는 사람들에게 교회는 구원의 모습을 나타내야 합니다. 교회는 세상에 대해서 예수를 믿을때 구원을 받을수 있고 죄에서 자유를 누릴수 있다고 담대하게 선언해야 합니다. 하나님의 심판이 닥친다고 과감하게 전해야 합니다. 하나님의 마음은 심판에 있는 것이 아니고 구원에 있습니다. 심판은 구원의 소리를 거부할 때 오는 자연적인 결과입니다. 엄밀히 보면 하나님은 사랑이십니다. 어느 한 사람도 멸망 받기를 원하지 않습니다. 그래서 지금도 하나님은 심판을 보류하고 있는지 모릅니다. 한 사람이라도 구원을 받게 하기 위해서 참고 기다립니다. 하나님에게 돌아오기를 간절히 기다립니다. 마치 탕자를 기다리는 아버지 처럼…….

그래도 안돌아 오고 심판에 이르게 된다면 그것은 인간 스스로 책임을 져야 합니다. 누구의 잘못이 아닌 스스로의 잘못에 의해서 멸망에 이르게 되는 것입니다 .

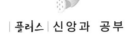

무지개에 담긴 신비한 원리

무지개는 어떻게 만들어질까요? 햇빛과 물이 만나면 거기서 무지개가 나타납니다. 하늘에 떠 있는 물방울들이 햇빛을 받아 일곱 빛깔로 분산되어 나타납니다. 빨강-주황-노랑-초록-파랑-남-보라 순으로 언제나 순서는 동일합니다. 이 모든 색깔을 합하면 하얀색이 나타납니다.

우리 눈에 보이는 빛을 가시광선(可視光線, visible spectrum, optical spectrum)이라고 말합니다. 사람의 눈에 보이는 전자기파의 영역으로, 개인별로 가시광선의 범위차가 존재하지만 보통 인간의 눈은 400에서 700nm까지의 범위를 감지합니다. 빛은 크게 자외선(살균력이 탁월함. 대부분 대기권에서 반

프리즘의 무지개 빛

사)-가시광선(눈에 보이는 빛)-적외선(복사열이 발생하는 주요원인)으로 나눌 수 있는데 우리가 볼 수 있는 무지개는 가시광선을 말합니다.

스펙트럼 색깔의 범위를 보면 보라 380~450nm, 파랑 450~495nm, 녹색 495~570nm, 노랑 570~590nm, 주황 590~620nm, 빨강 620~750nm입니다.

하나님이 만드신 창조의 세계는 오묘합니다. 인간의 눈에 보이는 무지개(가시광선)만 존재하는 것이 아닙니다. 눈에 보이지 않는 자외선과 적외선이 있습니다. 그것은 모두 흰색에서 나와 일곱 가지 무지개 색으로 나타나우리에게 보여 집니다. 구름 사이로 나타난 무지개는 하나님의 놀라운 작품입니다. 하나님을 알면 알수록 과학은 재미가 있습니다. 과학도 하나님안에 들어 있습니다. 하나님은 빛이십니다. 그것을 과학적으로 설명하는

것은 한계가 있습니다. 빛은 인간이 볼 수 없는 적외선과 자외선이 있듯이 눈에 보이는 것만 전부가 아닙니다. 눈에 보이지 않고, 인간의 이성으로 설명할 수 없는 신비로운 세계가 얼마나 많이 존재하고 있는지 모릅니다. 과학을 공부하면 할수록 인간은 겸손하게 되고 하나님께 더 가까이 가게 됩니다. 기억하십시오. 인간의 눈은 400에서 700nm까지의 범위만 감지할 수 있습니다.

06

바벨탑을 쌓는 인간들

"그러므로 그 이름을 바벨이라 하니 이는 여호와께서 거기서 온 땅의 언어를
혼잡하게 하셨음이라 여호와께서 거기서 그들을 온 지면에 흩으셨더라" (창11:9)

1 오늘날 인간이 하나님의 일에 도전한 일은 어떤 것들인지 말해 보십시오. 아울러 이것의 위험성은 무엇인지 나의 생각을 말해 보십시오.

_____

_____

🌻 말씀 먹기

● 창세기 11:1-9을 읽고 다음 질문에 답해 보십시오.

1 노아의 세 아들을 중심으로 인류가 흩어져 살았는데, 당시 사람들의 언어는 어떠했습니까? (1)

_____

_____

💡 되새김 하나의 언어, 생각만 해도 행복합니다. 언어가 하나라면 인류가 이렇게까지 싸우지는 않을 것입니다. 언어가 다르면 서로 다르게 느껴져 적대감이 생기게 되고, 소통이 안돼 오해를 낳게 됩니다. 하나 된 언어의 축복이 인류에게 언제 다시 찾아올까요?

2 인류는 하나의 언어로 하나님의 축복을 받고 살았는데, 인간들은 이것을 어떻게 사용했습니까? (2-4)

_____

인간은 바벨탑을 쌓아 꼭대기를 하늘에 닿게 해 자기의 이름을 내고자 했습니다. 인간의 교만함을 그대로 보여 주고 있습니다. 하나님 이름보다 인간의 이름만을 생각하는 교만함은 지금까지도 사라지지 않고 계속되고 있습니다. 누구를 위한 일등이며, 누구의 이름을 위한 공부입니까?

3 하나님에 대항하는 인간들의 모습을 보고 하나님은 어떻게 하셨습니까? (5)

_____

_____

하나님이 강림하셨다는 것은, 얼마나 하나님이 화가 나셨으면 땅으로 내려 오셨겠냐는 표현입니다. 화가 나면 자리를 박차고 일어서듯이, 인간의 교만은 하나님을 진노하게 만들었습니다.

4 하나님은 인간의 언어를 어떻게 하셨습니까? (6-8)

_____

_____

언어가 혼잡하면 모든 것은 끝이 납니다. 언어는 인간의 존재 가치입니다. 동물과 다른 언어가 혼잡해졌다는 것은 그 순간 인간이 동물과 같아졌음을 의미합니다. 하나님의 뜻을 알아듣지 못하는 인간은 언어를 위험하게 사용할 수 있습니다.

5 바벨의 의미를 말해 보십시오. (9)

_____

_____

'바벨'은 '혼잡'이라는 뜻을 지니고 있습니다. 이 세상의 모습을 상징하고 있습니다. 하나님이 없는 세상은 바로 혼돈의 모습입니다.

 생각해 보기

1 하나 된 언어를 가진 인간은 바벨탑을 쌓아서 하나님에 대항했습니다. 그 결과 인간의 언어는 혼잡하게 되었고 오늘날까지 이것에 대한 결과는 무섭게 나타나고 있습니다. 예를 들면 어떤 것들인지 말해 보십시오. (참고. 요17:22)

_____

_____

 삶의 적용

1 오늘날 바벨탑과 같은 모습을 하고 있는 것은 어떤 것인지 말해 보십시오.

_____

_____

2 언어로 인하여 인간 사이에 죄가 생기는 경우가 있으면 말해 보십시오.

_____

_____

축복을 저주로 바꾼 사람들

하나님은 인간에게 하나의 언어를 주셨습니다. 그것으로 인간은 하나 되는 힘을 발휘했습니다. 의사소통이 잘 이루어졌습니다. 하나의 언어는 공동체라는 생각을 갖게 해 인류를 한 가족으로 느끼게 했습니다. 그런 하나님의 축복을 인간은 하나님을 거역하는 데 사용했습니다. 오히려 그것으로 자기의 이름을 내고, 하나님과 같아지려는 아담의 죄악을 반복하게 되었습니다. 결국 하나님은 인간의 언어를 혼잡하게 하셨고 인류의 불행은 시작되었습니다. 언어의 혼잡은 모든 것에 치명적인 문제를 가져왔습니다. 결국 인간들은 흩어져 제 갈 길로 가게 되었습니다.

오늘도 바벨탑의 죄악은 계속됩니다. 인간은 고도의 문명과 기술을 사용하여 하나님의 영광을 드러내기보다는 하나님을 거역하는 일을 여전히 저지르고 있습니다. 우리가 가지고 있는 놀라운 기술과 문명은 하나님이 인간에게 주신 것들입니다. 그런데 인간들은 그것을 하나님 위에 두었습니다. 인간은 하나님보다 과학을 믿고 물질을 더 의지함으로 하나님의 진노를 사게 되었습니다. 기술과 문명의 발달로 오히려 환경은 파괴되고, 지구에 이상 징후가 생기면서 인류의 고통은 더해지고 있습니다. 하나님이 주신 축복을 저주로 바꾸는 일에 동참하면 안 됩니다. 그리스도인은 하나님이 주신 축복의 의미를 살려 하나님의 이름을 드러내는 데 사용해야 할 것입니다.

바벨탑과 인간 신

바벨탑은 고대의 사람들이 쌓은 '지구라트'를 말합니다. '지구라트'라는 말은 '높이 있는, 탁월하게 존재하는'이라는 셈족어에서 유래합니다. 메소포타미아 정치·종교의 최고 힘을 상징하는 지구라트는 몹시 경사진 수직 구조로 된 성전이며, 계단으로 올라가게 되어 있습니다. 여기서 언급되는 성(탑)은 인간 문화의 총체로서 많은 문화적 성과들을 의미합니다. 이 성에는 하늘 꼭대기까지 닿는 탑이 붙어 있습니다. 많은 사람들은 이 성이 고대 메소포타미아 세계에서 신전으로 사용되던 계단식 피라미드형 신전들 중 하나라고 말합니다. 피라미드 정상에는 신상을 모신 작은 신전이

지구라트 바벨탑 그림

있습니다. 위로 올라갈수록 신상이 발산하는 거룩함에 휩싸이기에, 이런 특이한 건축 양식은 인간의 노력으로 하늘의 집에 다다르려는 인간의 욕망이 담겨져 있습니다. 나중에 애굽에 세워진 피라미드도 이런 모습과 비슷합니다.

성경에 나오는 바벨탑 이야기는 역사적 사실을 구체적으로 언급하려는 것이라기보다 인간의 교만과 오만함을 드러내려는 데 있습니다. 지금도 이런 바벨탑과 같은 인간의 교만함은 계속되고 있고 인간의 마음속에 자리 잡고 있습니다. 지금도 인간이 스스로 신이 되려고 한다면 결국 현대판 바벨탑은 계속 이어질 것입니다.

07

믿음의 뿌리, 아브라함

"내가 너로 큰 민족을 이루고 네게 복을 주어 내 이름을 창대하게 하리니
너는 복이 될지라 너를 축복하는 자에게는 내가 복을 내리고 너를 저주하는
자에게는 내가 저주하리니 땅의 모든 족속이 너로 말미암아
복을 얻을 것이라 하신지라" (창12:2-3)

 **열린 마음**

1. 모든 것은 뿌리가 있습니다. 뿌리는 원리와 같습니다. 뿌리를 찾으면 모든 답을 얻는 것이 됩니다. 다음의 뿌리가 무엇인지 찾아보십시오.

   1) 인간

   _____

   _____

   2) 세상

   _____

   _____

   3) 사랑

   _____

   _____

 **말씀 먹기**

● 창세기 12:1-9을 읽고 다음 질문에 답해 보십시오.

1 하나님이 아브라함에게 이른 말씀은 무엇입니까? (1)

_____

_____

💡 되새김 하나님의 복은 떠남에서 옵니다. 세상의 복은 모든 것을 가지고 욕심을 더 채우는 것입니다. 그러나 하나님의 복은 있는 자리를 떠나고 버리는 것입니다. 그냥 버리는 것이 아닌 하나님 때문에 버리는 것입니다. 그냥 버리면 그것은 더 큰 욕심으로 찾아오게 됩니다.

2 하나님은 아브라함을 어떻게 축복하겠다고 약속하셨습니까? (2-3)

_____

_____

💡 되새김 하나님은 사람에게 관심이 있습니다. 사람 중에서도 하나님을 믿고 순종하는 사람입니다. 하나님은 모든 것을 하나님의 사람을 중심으로 움직이십니다. 하나님의 사람이 된다는 것은 그것 하나로 곧 살아가는 모든 것이 축복이 됨을 의미합니다.

3 아브라함은 어떻게 떠났습니까? 이때 아브라함은 몇 살이었습니까? 롯은 어떻게 떠났습니까? (4)

_____

_____

💡 되새김 아브라함과 롯은 같이 고향을 떠났지만 목적은 달랐습니다. 아브라함은 하나님의 말씀을 좇았지만 롯은 사람을 좇았습니다. 나중에 나타난 결과는 너무도 달랐습니다. 시작이 달라야 나중도 다릅니다.

4 아브라함이 가나안땅에 들어가자 하나님이 나타나서 하신 말씀은 무엇입니까? (5-7)

_____

_____

💡 **되새김** 하나님은 아브라함이 가나안땅에 들어오자, 이 땅에서 네 자손에게 복을 주리라고 말씀하십니다. 아브라함이 말씀에 순종하여 가나안땅에 들어올 때 하나님은 그에게 나타나셔서 약속하신 복을 내려 주셨습니다. 꿈은 순종할 때 주어집니다.

5 아브라함은 어떤 반응을 보였습니까? (7-8)

_____

_____

💡 **되새김** 아브라함은 자기에게 나타나신 하나님을 위하여 그곳에서 단을 쌓았습니다. 하나님에 대한 응답을 할 때 믿음은 자랍니다. 아브라함은 점차 하나님을 알아가는 과정을 겪고 있습니다. 인생에서 하나님의 이름을 부르면서 나아가면 가는 길이 모두 형통합니다.

 생각해 보기

1 복의 근원이 된다는 말은 무슨 의미입니까? "너를 축복하는 자에게는 내가 복을 내리고 너를 저주하는 자에게는 내가 저주하리니"라는 말씀은 하나님이 아브라함을 어떻게 생각한다는 뜻인지 말해 보십시오.

1 내가 아브라함과 같이 하나님의 복을 받기 위해서 해야 하는 일은 무엇입니까?

2 나에게 주신 하나님의 꿈은 무엇입니까?

갈대아 우르쇄기 문자

수메르 쇄기 문자

결단하는, 살아 있는 믿음을 가져라

아브라함은 믿음의 조상입니다. 우리의 믿음을 이해하는 데 중요한 인물입니다. 아브라함이 하나님께 의롭다고 인정을 받은 것은 행위가 아닌 은혜입니다. 믿음의 사람은 아브라함과 같은 복을 받습니다. 믿음을 가진 사람에게는 아브라함의 이야기가 곧 자신의 이야기가 됩니다. 먼 이방의 나라 이야기가 아닌 아주 가까운 오늘 나의 사건이 됩니다. 그것을 가능하게 하는 것은 믿음입니다. 아브라함은 말씀에 따라 자기의 인생을 바쳤습니다. 75세의 늙은 나이이지만 그것에 상관하지 않고, 오직 하나님의 약속만 믿고 고향과 친척을 떠나 약속의 땅인 가나안으로 이주했습니다. 하나님은 아브라함의 행위에 따라 그를 복의 근원으로 축복한 것이 아니었습니다. 행위 이전에 하나님의 축복 말씀이 주어졌습니다. 아브라함은 그것을 믿고 자기의 인생을 걸었던 것입니다.

오늘 우리도 아브라함처럼 하나님의 축복을 받았습니다. 중요한 것은, 믿음을 갖고 결단해 나의 인생을 하나님에게로 움직이는 것입니다. 그러지 못하면 하나님의 약속은 공허한 것이 됩니다. 믿음을 가지고 결단하는 것이 진정한 믿음입니다. 생각만 가지고서 그냥 그대로 머물러 있으면 그것은 죽은 믿음입니다. 하나님의 축복된 약속이 있음에도 미래를 불안해 하며 주저하는 것은 아직 하나님에 대한 믿음이 부족해서입니다. 지금이라도 이 믿음을 달라고 기도해야 합니다.

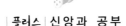

인류문명을 뛰어 넘는 이야기

족장들이 살았던 지역은 메소포타미아, 소아시아, 가나안, 애굽으로 알려진 곳입니다. 이 지역은 우리가 알고 있는 인류문명의 발상지인 티그리스(힛데겔) 유프라테스(유브라데) 지역으로, 이곳을 메소포타미아 문명이라고 말합니다. 메소포타미아는 '두 강 사이'라는 뜻으로 티그리스 강과 유프라테스 강 주변 땅을 말합니다. 이 두 강은 습지 지역으로 메소포타미아 문명을 탄생시킨 발원지입니다. 오늘날의 이라크와 시리아 북쪽, 터키의 남서쪽 끝부분이 고대 메소포타미아 지역입니다.

메소포타미아 지역은 수메르, 아카드, 바벨론, 앗수르를 포함한 거대한 문명을 낳았습니다. 이곳은 반월형 옥토지대로 동쪽의 페르시아 만으로부터 서쪽의 가나안 남쪽 끝에 이르는 반월형 모양의 비옥한 지대를 말합니다. 문명이란 이름을 가졌던 문화의 시작점이 바로 이곳입니다. 또한 이때는 고대 함무라비 왕조의 시기입니다. 그로부터 40년 후에 함무라비는 메소포타미아의 여러 도시를 정복하고 페르시아 만과 지중해 연안에 살던 백성들을 지배하며 바벨론 왕국이 멸망할 때까지 영역을 넓혀 나갔습니다.

아브라함과 족장 이야기는 이런 역사적 배경 속에서 전개됩니다. 그런 문명 속에서 아브라함을 불러, 새롭고 거룩한 문명을 건설하려는 하나님의 의도는 생각만 해도 놀라운 계획이요, 설레는 이야기입니다. 타락과 죄로 물든 세상의 역사와는 다른 이야기를 접한다는 것은 실로 감동 그 자체입니다.

08

아브라함과
이삭의 순종

"내가 네게 큰 복을 주고 네 씨가 크게 번성하여 하늘의 별과 같고
바닷가의 모래와 같게 하리니 네 씨가 그 대적의 성문을 차지하리라 또 네 씨로
말미암아 천하 만민이 복을 받으리니 이는 네가 나의 말을
준행하였음이니라 하셨다 하니라" (창 22:17-18)

 **열린 마음**

1 성경을 읽다가 아니면 설교를 듣다가 이해 안 되는 부분이나 내용이 나왔을 때 나는 어떻게 합니까? 그동안 마음에 걸렸던, 순종하지 못하고 있는 내용은 없는지 함께 나누어 보십시오.

_____

_____

 말씀 먹기

● 창세기 22:1-19을 읽고 다음 질문에 답해 보십시오.

1 하나님은 아브라함에게 어떤 시험을 하셨습니까? (1-2)

_____

_____

💡 **되새김** 아브라함은 이제 하나님의 축복을 다 받았습니다. 100세 때 아들을 얻은 것입니다. 그야 말로 놀라운 축복을 받았습니다. 그러나 그것이 끝이 아니었습니다. 마지막 시험이 그에게 닥쳤습니다. 그것은 미래에 더 큰 복을 얻을 수 있는 축복의 기회였습니다. 그의 믿음을 측정하는 인생의 기말 시험과 같은 것이었습니다.

2 아브라함이 이삭과 함께 하나님의 명령에 순종하는 과정을 말해 보십시오. (3-6)

아브라함은 하나님의 명령에 지체하지 않고 즉각적으로 순종했습니다. 망설임 없이 말씀을 순종하는 그의 행동은 놀랍기만 합니다. 이것은 하나님에게 마음을 둘 때 나오는 능력입니다

3 이삭이 번제물이 없는 것을 묻자 아브라함은 무엇이라 말했습니까? (7-8)

이삭의 갑작스러운 질문에 아브라함은 하나님이 준비해 두셨다는 말로 답합니다. 그리고 그것은 나중에 그대로 성취가 됩니다. 이렇게 보면 그가 대답한 것은 자기 생각이 아닌 하나님이 지혜로 주신 말씀입니다. 하나님을 위해 헌신하면 하나님이 피할 길을 주십니다.

4 아브라함이 이삭을 번제로 바치려 하자 하나님이 나타나셔서 하신 말씀은 무엇입니까? (9-12)

하나님은 아브라함이 자신의 모든 것을 던져 하나님을 사랑하는 모습을 칭찬하십니다. 하나님은 100퍼센트 순종을 원하십니다. 이것이 진정한 순종입니다. 나의 모든 삶이 하나님 안에 있는 그때가 하나님에게 인정받는 순간입니다.

5 여호와 이레라는 의미는 무엇입니까? (13-14)

6 하나님의 말씀에 순종한 아브라함에게 하나님이 주신 축복은 무엇입니까? (15-19)

💡 되새김 하나님을 위해서 자신을 모두 바치면 하나님은 더 많은 것을 주십니다. 천하 만인이 아브라함을 통하여 복을 받게 되는데 그것은 하나님의 말씀을 순종했기 때문입니다. 말씀을 그저 듣고 느끼기만 해서는 안 됩니다. 자신을 모두 드려 순종하는 데까지 나아갈 때 우리를 높이 사용하십니다.

🌸 생각해 보기

1 아브라함은 아들을 바치라는 하나님의 명령에 어떻게 순종할 수 있었을까요? 아울러 이삭은 어떻게 아버지의 말에 그대로 순종할 수 있었을까요?

 삶의 적용

1 나는 하나님의 어떤 말씀이라도 순종할 수 있습니까? 이것이 잘 안 되는 이유는 무엇입니까?

_____

_____

2 하나님이 시험을 주신 것은 우리를 축복하기 위해서입니다. 순종할 때 축복이 오는데, 현재 나의 삶에서 하나님의 말씀에 순종해야 할 것은 무엇입니까?

_____

_____

아브라함의 이삭 바침

순종이 최고입니다

부모가 자녀에게 가장 바라는 것은 무엇일까요? 좋은 집이나 좋은 옷과 같은 물질일까요? 아니면 좋은 직장에 다니거나 결혼을 잘해 세상에서 성공하는 것일까요? 물론 이것도 어느 정도 필요하겠지만 그것보다 더 중요한 것은 부모님의 말씀에 순종하는 일일 것입니다.

부모님의 뜻에 따라 사는 것, 그것이 자녀로서 해야 할 우선적인 도리입니다. 아무리 세상에서 성공하고 잘 산다 해도 그것이 부모님의 선한 뜻과 어긋난다면 부모님은 슬플 것입니다. 그러나 조금 부족하다 할지라도 부모님의 뜻을 헤아리고 그것에 순종한다면 자녀로서의 삶은 100점입니다. 부모님의 말씀에 순종하는 것이 곧 부모님을 사랑하는 일입니다. 부모님에게 선물을 많이 드리는 것보다 부모님의 말씀을 잘 듣는 것이 부모님의 마음을 가장 편하게 하는 일입니다.

하나님과 우리 사이도 마찬가지입니다. 인간은 하나님의 말씀을 듣고 살아가는 존재입니다. 하나님의 말씀을 듣고 순종하는 것은 하나님이 원하시는 일입니다. 어떤 요구를 하시든지 하나님의 명령에 순종한다는 것은 쉽지 않습니다. 그러나 정말 하나님을 사랑하고 하나님을 주인으로 인정한다면 어떤 요구를 하시든지 그대로 순종하고 따를 것입니다. 순종과 사랑의 관계는 비례합니다. 하나님을 사랑하는 자는 점차 하나님의 말씀을 우선에 두고 그것을 지키는 것을 가장 소중하게 생각합니다. 그런 사람에게 하나님은 넘치도록 축복해 주십니다.

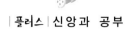
단순하게 공부하라

1927년에 피카소는 연인 마리 테레스 발터가 뜨개질 하는 모습을 스케치 했습니다. 피카소는 이 그림을 통해서 그녀를 그리고 있는 피카소 자신의 모습을 그렸습니다. 피카소는 그리는 과정을 그린 것입니다. 피카소는 대상 전체를 재현하지 않고 눈에 덜 띄는 한두 개의 특성을 나타냈습니다. 천재들은 복잡한 것들을 제거해 가면서 결국 아무것도 걸치지 않은 이미지 만 남기는 특징이 있습니다. 단순성을 통해 순수한 이미지를 그려냅니다. 이렇게 해서 보통 사람으로서는 잘 알아보기 힘든 추상화가 탄생되는 것입니다. 피카소는 이렇게 말했습니다. "당신들은 보고 있지만 보고 있는 것이 아니다. 그저 보지만 말고 생각하라. 표적적인 것 배후에 숨어 있는 놀라운 속성을 찾아라. 눈이 아니고 마음으로 보라!" 기초는 단순합니다. 그러나 현실은 복잡합니다. 그러다 보니 사람들이 기초와 원리를 찾지 못합니다. 현실의 복잡한 세상을 뚫고 단순한 원리를 발견하는 것이 천재성입니다. 현상은 복잡하지만 법칙은 단순합니다. 이것을 위해 무엇을 버릴 것인지를 생각해야 합니다.

아브라함은 가장 기초적인 하나님만 바라보았습니다. 주변의 복잡한 것들을 생각하지 않고 오직 하나님만 생각했습니다. 그러다 보니 아들을 바치는 일까지 가능했습니다. 믿음의 천재입니다. 아무나 할 수 없는 일입니다. 복잡한 세상 속에 숨어 있는 하나님을 발견한다면 나도 아브라함처럼 위대한 믿음의 천재성을 발휘할 수 있습니다. 아울러 다른 영역에서도 놀라운 천재의 기질을 발휘할 수 있을 것입니다.

09

이스라엘의 뿌리, 야곱

"그가 이르되 네 이름을 다시는 야곱이라 부를 것이 아니요
이스라엘이라 부를 것이니 이는 네가 하나님과 및 사람들과
겨루어 이겼음이니라" (창32:28)

 **열린 마음**

1 나는 하루하루 살아가는 것이 평화롭습니까? 미래에 대한 불안은 없습니까? 있다면 왜 그런지 이유를 말해 보십시오.

 말씀 먹기

● 창세기 32:22-32을 읽고 다음 질문에 답해 보십시오.

1 야곱은 라반의 집에서 20년 동안 얻은 예물들을 두 떼로 나누어 앞서 보내고, 밤에 일어나 어떻게 했습니까? (22-23)

💡 **되새김** 야곱은 물질적인 축복을 받았지만 불안했습니다. 이는 영적인 축복이 부족해서입니다. 영적인 축복은 하나님이 나와 함께한다는 확신입니다. 야곱은 그것이 안 되니까 여러 가지 인간적인 방법을 사용해 불안을 해결해 보려고 합니다. 그러나 그런 방법들로는 마음에 평강이 찾아오지 않습니다.

2 혼자 남은 야곱은 날이 새도록 어떤 사람과 씨름을 했는데 그 과정을 말해 보십시오. (24-25)

💡 되새김 야곱이 혼자 남아 어떤 사람과 씨름을 하는데, 그것은 몸부림치며 기도하는 것을 암시합니다.

간절한 야곱에 그 사람도 물러섭니다. 그리고 그 사람이 환도뼈(골반과 무릎 사이에 뻗어 있는 뼈. 넙다리뼈)를 치면서 하나님의 승리로 끝납니다. 야곱이 가려는 그 사람을 잡고 축복을 구하는데 그것은 영적인 복을 의미합니다.

3 야곱은 자기를 떠나려 하던 사람을 어떻게 했습니까? 그때 야곱이 받은 이름은 무엇입니까? (26-28)

💡 되새김 이스라엘이라는 말은 하나님과 통치한다는 뜻입니다. 하나님과 언약의 관계로 인정받은 공식적인 이름입니다. 이스라엘은 앞으로 세상의 모든 나라를 통치해야 하는 사명이 있습니다. 하나님은 이스라엘을 통하여 세상을 통치할 것입니다. 하나님과 겨루어 이겼다는 것은 하나님의 왕자라는 뜻을 담고 있습니다.

4 야곱이 이름을 알려 달라고 하자 그 사람은 야곱에게 무엇을 주었습니까? 여기서 얻은 그 장소의 이름은 무엇입니까? (29-30)

💡 되새김 브니엘은 하나님의 얼굴이라는 뜻으로 하나님과의 친밀한 교제를 기념하는 곳입니다. 그리스도인은 언제나 하나님과 교제하면서 살아가는 사람입니다. 그러면 두려움이 없습니다.

5 브니엘을 지나는 야곱의 모습은 어떠했습니까? 그 이유는 무엇입니까? (31)

_____

_____

💡 되새김 하나님을 만나 환도뼈가 부러진 야곱은 하나님 앞에서 죽은 모습입니다. 하나님과 동행하는 사람은 하나님 앞에서 자기를 낮추는 겸손한 사람입니다. 하나님은 교만한 사람과 함께하지 않습니다. 하나님과 동행하는 사람은 하나님이 모든 일을 해결해 주십니다.

6 이스라엘 사람들은 이때의 사건을 기억하는 의미에서 무엇을 먹지 않습니까? (32)

_____

_____

💡 되새김 늘 자기의 초심을 기억하는 것이 성공의 비결입니다. 초심을 잃어버리면 안 됩니다. 환도뼈의 큰 힘줄을 먹지 않는 것은 이스라엘의 원래 모습을 기억하는 의미를 담고 있습니다.

 생각해 보기

1 이스라엘이란 이름은 "하나님과 및 사람들과 겨루어 이겼다"는 의미를 지니고 있기도 한데, 이것을 쉽게 정리해 보십시오. 야곱과 이스라엘 이름을 비교하여 말해 보십시오.

 **삶의 적용**

1 나는 야곱처럼 홀로 남아서 하나님과 인격적으로 만나본 적이 있습니까?

2 야곱에게 이스라엘이란 이름을 주면서 축복해 주셨고, 결국 이것이 이스라엘의 뿌리가 되었습니다. 나도 야곱처럼 하나님의 축복을 받기 위해서 중요하게 생각해야 할 점이 있다면 무엇입니까?

벧엘

하나님과 함께 통치하는 사람

야곱은 20년 동안 라반의 집에서 일하며 부자가 되어, 처자식들과 같이 이제 집으로 돌아가게 되었습니다. 물질적으로, 육적으로는 나름대로 성공하여 귀향하는 야곱의 모습입니다.

그러나 그에게는 20년 동안 해결하지 못한 한 가지 문제가 있었습니다. 바로 형 에서와의 관계입니다. 형을 속였던 그 관계가 여전히 남아 있었던 것입니다. 그런데 지금 그 에서가 400명이나 거느리고 자기에게 오고 있다는 보고를 받자, 야곱은 여러 가지 작전을 펴서 위험에 대비합니다. 도둑이 제 발 저리는 격입니다. 야곱은 혼자 얍복 강에 남아서 밤을 새우게 됩니다. 그의 마음은 여전히 불안했습니다. 야곱은 형이 자기를 어떻게 할지를 생각하면 마음이 편치 않았습니다. 그런데 그 밤에 하나님이 나타나셔서 야곱과 함께합니다.

그날 밤 야곱은 환도뼈가 부러집니다. 그러자 야곱은 가려고 하는 어떤 사람을 붙잡으며 자기에게 축복해 달라고 합니다. 결국 그는 이스라엘이라는 이름을 부여받게 되고, 이름이 야곱에서 이스라엘로 바뀝니다. 야곱은 '속이는 자'라는 인간적인 야곱의 모습으로 옛 사람의 이름입니다. 이제 옛 사람은 환도뼈가 부러지면서 죽은 사람이 되었습니다. 그리고 새로운 사람으로 태어나는데, 그 이름이 이스라엘입니다. 이스라엘이라는 말은 "하나님과 및 사람들과 겨루어 이겼다"라는 뜻이기도 하지만 그것은 또 "하나님과 통치한다"라는 뜻이기도 합니다. 이제부터 야곱은 하나님과 함께 통치하는 존재가 되었습니다. 하나님의 동역자로서 보통 사람과 다른 존재임을 의미합니다. 이것이 후에 이스라엘이 됩니다. 오늘 우리가 그리스도인이 되었다는 것은 하나님과 동역한다는 의미입니다.

자연을 이용한 하나님의 복

1763년, 영국의 목사인 스톤은 버드나무 껍질의 추출물이 해열에 효과가 있다고 왕립학회에 보고했습니다. 그로부터 100년이 지난 후에 실제로 버드나무 껍질에서 해열과 진통 효과가 우수한 살리실산을 추출했습니다. 이것을 기초로 하여 1897년 독일의 호프만은 복용이 편리한 오늘날의 아스피린을 개발했습니다.

아스피린은 살리실산($C_7H_6O_3$)과 아세트산(CH_3COOH)이 반응하면서 생성됩니다. 물이 빠져나가면서 아스피린이 생기게 된 것입니다. 현재 아스피린은 감기약으로 가장 많이 사용하고 있는 대표적인 약입니다.

하나님이 만드신 자연 속에는 신비한 것들이 많이 들어 있습니다. 다만 우리가 그것을 알지 못할 뿐입니다. 약은 하나님의 창조 속에 담겨 있는 것으로 만듭니다. 인간이 독창적으로 만들 수는 없습니다.

버드나무는 야곱에게도 기억되는 나무입니다. 그 나무의 껍데기를 통하여 하나님의 복을 받았습니다. 물론 신비한 방법이었지만 버드나무는 하얀색을 만들어내는 신비한 껍질입니다. 창세기 30:37-43에 보면, 야곱이 버드나무 가지를 취하여 그것들의 껍질을 벗겨 흰무늬를 내는 이야기가 소개됩니다.

우리가 배우고 있는 과학은 알고 보면 신앙 속에 다 들어 있습니다. 신앙의 눈으로 보면 과학이 새롭게 보이고 그 속에서 인간을 향한 하나님의 사랑을 느낄 수 있습니다. 신앙이 깊을수록 공부도 더 잘하게 됩니다. 사물을 보는 눈이 달라질 테니까요. 어느 하나도 소홀하게 대하지 않고 소중하게 대하면, 그 속에서 위대한 하나님의 창조원리를 발견할 수 있을 것입니다.

10

꿈꾸는 자,
요셉

"그런즉 나를 이리로 보낸 이는 당신들이 아니요 하나님이시라
하나님이 나를 바로에게 아버지로 삼으시고 그 온 집의 주로 삼으시며
애굽 온 땅의 통치자로 삼으셨나이다" (창 45:8)

열린 마음

1 하나님이 나에게 주신 꿈은 있습니까? 어떻게 그 꿈을 받았는지 말해
보고, 없다면 그 이유는 무엇이라고 생각합니까? 각자 자유롭게 의견
을 나누어 보십시오.

말씀 먹기

● 창세기 45:1-15을 읽고 다음 질문에 답해 보십시오.

1 요셉은 형들에게 자기의 신분을 밝힙니다. 그 과정을 말해 보십시오.
(1-4)

2 불안에 떨고 있는 형들에게 요셉은 어떻게 위로를 합니까? (5)

💡 되새김 요셉은 원수와 같은 형들에게 분노하거나 보복하지 않고 오히려 형들을

79

위로하면서, 이것을 하나님이 하신 일로 해석합니다. 인간의 눈이 아닌 하나님의 사건으로 보면 이해 못하는 일도 다 풀리게 됩니다. 합력하여 선을 이루는 하나님의 모습을 보게 됩니다.

3 요셉은 자기의 인생에 대해서 하나님의 섭리를 말합니다. 그 내용을 말해 보십시오. (5-8)

💡 되새김 흔히 사람들은 성공하면 자기의 노력으로 된 것처럼 생각할 수 있습니다. 그러나 요셉은 성공은 자기가 이룬 것이 아닌 하나님이 이루신 것이라고 고백합니다. 진정한 성공은 일이 아닌 하나님입니다. 성공을 통하여 하나님을 마지막에 드러내지 못하면 그것은 실패가 됩니다.

4 요셉은 자기의 성공을 어떻게 사용합니까? (9-13)

💡 되새김 요셉은 하나님이 이루신 성공이기에 그 성공을 하나님의 뜻을 이루는 데 사용합니다. 그러나 내가 꿈을 이루었다고 생각하면 나를 위해 사용하기 쉽습니다. 처음부터 누구를 위해 공부하고 노력하느냐가 중요합니다. 지금이 미래의 내 모습입니다.

5 형들과 요셉의 화해장면을 말해 보십시오. (14-15)

💡 되새김 지도자는 먼저 섬기는 자입니다. 잘못은 형들이 했지만 먼저 다가와서 화해를 이루는 사람은 요셉입니다. 하나님과 관계가 좋은 사람은 사람과도 당연히 좋습니다. 가능하면 먼저 화해를 청하는 사람이 되어야 합니다.

 생각해 보기

1 요셉은 하나님의 꿈을 꾸고 그 꿈을 이룹니다. 요셉을 통해 이스라엘 민족이 크게 번성하는 기반을 만듭니다. 성경에서 가르치는 위대한 성공의 모습은 무엇인지 말해 보십시오.

_____

_____

 삶의 적용

1 우리는 나의 인생을 하나님이 인도하신다는 것을 얼마나 믿고 있습니까?

_____

_____

2 어떻게 하면 나도 요셉처럼 인생의 성공을 이룰 수 있는지 말해 보십시오.

_____

_____

하나님의 꿈을 꾸는 사람

사람마다 자기에게 주어진 비전이 있습니다. 세상 사람들이 말하는 비전은 다분히 자기가 좋아하는 것들입니다. 자기가 좋아하는 것을 찾아 그것을 이루는 것이 비전이라고 말합니다. 그러나 그것은 성경이 말하는 비전과는 다릅니다. 그리스도를 믿는 젊은이들은 말씀을 통하여 주시는 비전을 가져야 합니다. 성경에서 비전은 묵시라는 말과 연관되어 있습니다. 묵시의 다른 말은 비전이라는 말입니다. 하나님이 원하시는 우리의 비전은 하나님이 계시해 주신 비전입니다. 즉, 하나님이 주신 꿈입니다.

요셉의 꿈은 하나님이 주신 꿈입니다. 요셉은 하나님이 주신 꿈을 마음에 품고 결국 그 꿈을 이루었습니다. 오늘 우리들도 이런 비전을 가져야 합니다. 그런 비전을 가진 사람은 요셉처럼 나중에 하나님을 위해서 사용됩니다. 하나님의 뜻을 이루는 데 꿈이 사용된다는 것은 생각만 해도 감격스러운 일입니다. 하나님의 목적을 이루는 것이 우리의 꿈의 목표입니다. 설사 아무리 대단한 꿈을 이루었다고 해도 그것이 하나님의 뜻을 거역하는 것이 된다면 그것은 헛된 것이 되고 맙니다.

하나님으로부터 온 꿈일 때 나중에 그 꿈은 하나님을 위해서 사용하게 됩니다. 하나님을 바라보고 그분의 마음을 읽고 나를 불러 주신 은혜를 생각하면, 하나님이 주신 꿈이 각자에게서 발견될 것입니다.

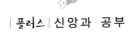

한 가지에 몰입하라

1876년 3월 10일, 벨은 연구실로 쓰고 있는 처마 방과 지하실 사이에 전선을 늘어뜨리고 가까스로 만들어 낸 전화기의 실험 준비를 하고 있었습니다. 때마침 벨은 황산을 엎지르게 되었는데 그는 자기도 모르게 소리쳤습니다. "윗슨, 급한 일이 생겼으니 이리 좀 내려오게!" 그러자 그 목소리가 지하실에서 수화기를 귀에 대고 기다리고 있던 동료 윗슨에게 선명하게 들려왔습니다. 윗슨은 "들린다, 들린다!" 하고 외치며 한 걸음에 층계를 뛰어올라 연구실로 달려왔습니다. 두 사람은 기쁨에 넘쳐 서로 부둥켜안고 방 안에서 껑충껑충 뛰었습니다.

이때, 벨이 외친 '윗슨, 급한 일이 생겼으니 이리 좀 내려오게!' 라는 말은 전화의 발명을 기념하는 유명한 문구가 되어 뉴욕과 샌프란시스코 사이에 부설된 대륙 횡단 전화의 개통식 때에도 사용되었습니다. 이렇게 해서 우리가 사용하는 전화기가 발명되었습니다.

벨은 청각 장애인에게 도움을 주기 위하여(어머니가 청각 장애인이었습니다) 음성 연구를 했고, 그것이 전화기를 발명하는 동기가 되었습니다. 청각 장애인들을 이해하고 그 문제를 해결하기 위해 연구를 쉬지 않았는데, 그는 자신이 설계한 기계가 되기도 했지만 청각 장애인이 되기도 했습니다. 원하는 한 가지에 완전한 몰입을 했을 때 위대한 발견이 이루어졌습니다. 하나님의 꿈에 대한 몰입은 결국은 하나님의 꿈을 이루게 합니다. 단순히 꿈을 꾸는 것을 넘어 내가 그 꿈 자체가 되어야 합니다. 오로지 하나님의 꿈만 생각하고 달려가면 나도 언젠가 그 꿈을 이루게 될 것입니다.

저자 이대희 목사

장로회 신학대학교 신학대학원(M.Div)과 연세대학교 연합신학대학원(Th.M)을 졸업하고 현재 에스라성경대학원대학교 성경학박사(D.Liit) 과정 중이다.
예장총회교육자원부 연구원과 서울장신대학교 신학과 교수를 역임하고 서울 극동방송에서 "알기쉬운성경공부" "기독교 이해" 등 프로그램을 진행했다. 지난 20여 년 동안 성서사랑 · 성서한국 · 성서교회 · 성서나라의 모토를 가지고 한국적 성경교육과 실천사역을 위해 집필과 세미나와 강의사역을 하고 있다. 현재 바이블미션(www.bible91.org) 대표, 꿈을주는교회 담임목사, 독수리기독중고등학교 성경교사, 강남성서신학원 외래교수, 서울장신대 겸임교수로 사역 중이다.
저서로《30분 성경공부시리즈》《투데이 성경공부시리즈》《아름다운 십대 성경공부시리즈》《이야기대화식성경연구》《성경통독을 위한 11가지 리딩포인트》《심방설교 이렇게 준비하라》《예수님은 어떻게 교육했을까?》《1% 가능성을 성공으로 바꾼 사람들》《자녀를 거인으로 우뚝 세우는 침상기도》《하룻밤에 배우는 쉬운 기도》《하나님 이것이 궁금해요》《크리스천이 꼭 알아야 할 100문 100답》등 100여 권이 있다.

창세기 인생의 뿌리, 꽉- 잡아라

틴~꿈 십대성경공부 | 구약책 시리즈 1

초판 1쇄 발행일 / 2009년 3월 25일
초판 2쇄 발행일 / 2017년 1월 23일

지은이 / 이대희
펴낸이 / 김학룡
펴낸곳 / 엔크리스토
마케팅 / 이동석, 유영진
관리부 / 김동인, 신순영, 정재연, 박상진

출판등록 / 2004년 12월 8일(제2004-116호)
주 소 / 경기도 고양시 일산동구 장대길 74-10 (장항동)
전 화 / 031-906-9191   팩 스 / 0505-365-9191
이메일 / 9191@korea.com
공급처 / 기독교출판유통

ISBN 978-89-92027-62-5 04230

값 3,000원

엔크리스토 성경공부 양육 교재

투데이 성경공부

평생 성경공부할 수 있도록 구성한 시리즈. 주제별로 구성되어 있어 각 교회의 상황에 맞게 커리큘럼을 재구성하여 사용할 수 있다.

101 신앙기초(전 9권 완간) | 201 예수제자(전 9권 완간) | 301 새생활(전 12권 완간)
601 성경개관(전 10권 완간) | 401 · 501 발간 예정

30분 성경공부

신앙생활의 기초를 다루었으며 신앙의 전체 그림을 그릴 수 있는 2년 과정의 소그룹 성경교재다. 성경공부를 시작할 때 사용하면 효과적이다.

믿음편 | 기초 · 성숙   생활편 | 개인 · 영성 · 교회 · 가정 · 이웃 · 일터 · 사회 · 세계
성경탐구편 | 창조시대 · 족장시대 · 출애굽시대 · 광야시대 · 정복시대/사사시대 · 통일왕국시대 ·
분열왕국시대 · 포로시대/포로귀환시대 · 복음서시대1 · 복음서시대2 · 초대교회시대 · 서신서시대

아름다운 십대 성경공부

십대들이 꼭 알아야 할 성경의 핵심내용과 기독교적 가치관, 세계관을 정립하는 데 필요한 핵심주제를 담고 있으며, 3년 과정으로 구성되었다.

101 자기정체성 · 복음 만남 · 신앙생활 · 멋진 사춘기 · 예수의 사람(전 5권)
201 가치관 · 믿음뼈대 · 십대생활 · 유혹탈출 · 하나님의 사랑(전 5권)
301 비전과 진로 · 신앙원리 · 생활열매 · 인생수업 · 성령의 사람(전 5권)

틴꿈 십대성경공부

성경 전체의 내용을 핵심적으로 구성되었으며, 성경 파노라마를 통해 십대들이 알아야 할 성경의 맥과 개관을 다루고 구약책과 신약책 중에서 십대에 맞는 책을 선택하여 집중적으로 유형별로 균형 있게 공부할 수 있다.

1년차 성경개관 | 성경파노라마 1, 2, 3, 4, 5(전5권)
2년차 구약책 | 창세기 · 에스더 · 다니엘 · 잠언 · 전도서(전5권)
3년차 신약책 | 누가복음 · 로마서 · 사도행전 · 빌립보서 · 요한계시록(전5권)
• 틴~ 꿈 새가족 양육교재

엔크리스토 성경공부 양육 교재

책별 66권 성경공부

성경 전체 66권을 각 권별로 자유롭게 선택하여 사용할 수 있는 성경공부.
성경 전체를 체계적으로 연구할 수 있다.

창세기 1·2·3·4, 느헤미야, 요한복음 1·2, 로마서, 에스더, 다니엘, 사도행전 1·2·3
(계속 발간됩니다)

엔크리스토 제자양육성경공부

한 사람을 온전한 제자로 만드는 과정으로 7단계로 구성되어있다. 전도(복음소개)와
양육(일대일 양육, 이야기대화식 성경공부)과 영성(영성훈련)의 3차원을 통전적으로
연결되어 있으며 제자훈련 과정으로 적합하다.

복음소개 · 일대일 양육 · 새로운 사람 · 성장하는 사람
변화된 사람 · 영향력 있는 사람 · 영성훈련(전7권)

인도자를 위한 지침서

- 인도자 지침서(십대 성경공부 101·201·301시리즈) | 이대희 지음 | 각 10,000원
- 인도자 지침서(틴꿈 십대성경공부) | 이대희 지음 | 10,000원
- 인도자 지침서(엔크리스토 제자양육성경공부) | 이대희 지음 | 10,000원
- 인도자 지침서(30분 성경공부 믿음편 기초, 성숙 l 생활편 개인, 교회)
  | 이대희 지음 | 10,000원

성경공부에 필요한 참고 서적

- 이야기 대화식 성경연구 | 이대희 지음 | 10,000원
- 크리스천이 꼭 알아야할 100문 100답 | 이대희 지음 | 10,000원

특 징
성경 66권을 쉽고 재미있게, 깊이 있게 배우면서 한국적 토양에 맞는 현장과 삶에 적용하는 한국적 성경전문학교

모집과정(반별로 2시간씩이며 선택 수강 가능)
- 성경주제반: 성경의 중요한 핵심 주제를 소그룹의 토의와 질문을 통하여 배운다.(투데이성경공부/30분성경공부)
- 성경개관반: 66권의 성경 전체의 맥과 흐름을 일관성 있게 잡아준다.(잘 정리된 그림과 도표와 본문 사용)
- 성경책별반: 66권의 책을 구약과 신약 한 권씩 선정하여 워크숍 중심으로 학기마다 연구한다.(3년 과정)

모집대상
목회자반/ 신학생반/ 평신도반(교사, 부모, 소그룹 양육리더, 구역장, 중직)

시 간
월요일(오전 10시 30분~오후 5시 30분/ 개관반 · 책별반 · 주제반)

수업학제
겨울학기 : 12~2월 | 봄학기 : 3~6월 | 여름학기 : 7~8월 | 가을학기 9~11월
(자세한 내용은 홈페이지 참조 요망. 학기마다 사정에 따라 일자가 변경될 수 있음)

수업의 특징
- 이야기대화식 성경연구방법으로 12주(3개월 과정) 진행
- 전달이나 주입식이 아닌 성경 보는 눈을 열어주고 경험하게 하면서 성경의 보화를 스스로 캐는 능력을 터득하게 하는 방법을 지향하며 소그룹 워크숍 형태로 진행

강사 : 이대희 목사와 현직 성서학 교수와 현장 성경전문 강사

장소 : 바이블미션
　　　 서울시 송파구 가락동 96-5(지하철 8호선 가락시장역)

신청 : 개강 1주일 전까지 선착순 접수(담당 : 채금령 연구간사)

문의 : 바이블미션–엔크리스토 성경대학(016-731-9078, 02-403-0196)
　　　 (홈페이지 www.bible91.org)